保育園の離乳食

編著 小川美智子
　　 食べもの文化編集部

芽ばえ社

目次

離乳食を作るときの大切な視点 7

初めのひとさじ………8
離乳食で赤ちゃんはこんなことを学びます………9
月齢を基準にせず一人ひとりの成長・発達に合わせて………10
栄養士・調理員も赤ちゃんの食べる様子をよく見ましょう………11
保育士さんと調理室のいい関係を………12
安全で安心できる食事を提供しましょう………13

離乳食を始めましょう 15
富士市健康対策課

離乳食のすすめ方 19
段階ごとの食材の大きさ・かたさの目安

5、6ヶ月頃　ポタージュ状………20
野菜スープを作りましょう………21
昆布だしを作りましょう………21

7、8ヶ月頃　豆腐のかたさ………22
かつおだしを作りましょう………23
煮干しだしを作りましょう………23

9～11ヶ月頃　バナナのかたさ………24
手づかみ食べのすすめ方………25

12～18ヶ月頃　肉団子のかたさ………28
おやつもひと工夫！………30

離乳食のレシピ 33

5、6ヶ月

献立

- つぶし10倍がゆ (p34)
  人参ペースト
  トロトロ豆腐

- 10倍がゆ (p34)
  野菜スープ
  豆腐と野菜煮

- 10倍がゆ (p35)
  野菜スープ
  白身魚と野菜煮

- かぼちゃがゆ (p36)
  野菜スープ
  しらすのおろし煮

7、8ヶ月

献立

- 7倍がゆ (p38)
  野菜スープ
  豆腐とじゃが芋の煮物

- 7倍がゆ (p39)
  野菜スープ
  白身魚のトマト煮

- しらすと青菜の (p40)
  おかゆ
  野菜スープ
  鶏ささみと野菜の煮物

- 豆乳うどん (p42)
  白身魚のかぼちゃあん

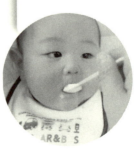

9〜11ヶ月

p44
5倍がゆ
みそ汁
マグロの照り焼き
キャベツの煮びたし

p46
焼きうどん
野菜スープ
かぼちゃの煮物

p48
5倍がゆ
みそ汁
豆腐ハンバーグ
人参とじゃが芋の
　　やわらか煮

p50
トースト
じゃが芋のポタージュ
トマトと卵炒め
ゆでブロッコリー
人参甘煮

 ## 12〜18ヶ月

p52
軟飯
みそ汁
かぼちゃコロッケ
グリーンサラダ
フルーツ

p54
軟飯
具だくさん野菜スープ
マカロニグラタン
フルーツ
●簡単ホワイトソース　55

p56
さつま芋ごはん
すまし汁
サンマの蒲焼き
ほうれん草のあえ物
フルーツ

p58
軟飯
みそ汁
鮭のホイル焼き
切り干し大根の煮物
フルーツ

あると便利な道具 60

2歳未満児の食形態早見表 65
富士市こども未来課

離乳食に適さない食材一覧 82

―― コラム ――
調理時間を短縮するために
ごはんからおかゆを作る 31
白身魚、赤身魚、青背魚って何？ 63

デザイン・DTP／渡辺美知子デザイン室

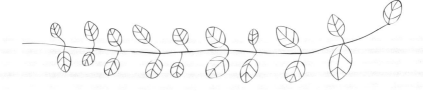

離乳食を作るときの
大切な視点

初めのひとさじ

　離乳食は赤ちゃんが初めて口にする、お乳以外の食べものです。感動的な最初のひとさじは、お母さんからであってほしいな……と、思います。

　赤ちゃんが初めて寝返りをしたとき、赤ちゃんが初めて立っちしたとき、赤ちゃんが初めて……そう、最初のひとさじを与えるときの感動もお母さんに味わってもらいたいですね。

　保育園では、２回食になったら１回はおうちでお母さんに与えてもらうようにしています。

　わたしが仕事を始めて間もない頃、８ヶ月になる藍子ちゃん（なぜかしっかり覚えているのですよ！）に離乳食を与えるＴ先生の「こんな顔、お母さん見たことないんでしょうね」というひと言がきっかけになりました。離乳食を食べているときの、赤ちゃんの何ともいえない幸せそうな顔をお母さんに見てもらいたいからです。

離乳食を作るときの大切な視点

離乳食で赤ちゃんはこんなことを学びます

　離乳食は、赤ちゃんの口の動きや、胃や腸の消化吸収の機能の発達に合わせてすすめていきます。どろどろの食べものをごっくんと飲み込むことから始め、少しずつ食べもののかたさや大きさを変えて、幼児の食事に近づけていきます。飲み込むこと、かむこと、つまんで食べること、じょうずに食べられるようになること……離乳食をすすめる中で学んでいきます。

月齢を基準にせず一人ひとりの
成長・発達に合わせて

　調理室は、そんな赤ちゃんたちの力を引き出すお手伝いをします。

　赤ちゃんの発達には個人差があります。だから、一人ひとりの成長、発達に合わせてすすめることが大切です。赤ちゃんの口の動きや舌の動き、手の動き……赤ちゃんは日々成長しています。赤ちゃんの発達を知り、月齢に合わせた離乳食ではなく、一人ひとりに合わせた食事を作ります。

離乳食を作るときの大切な視点

栄養士・調理員も赤ちゃんの食べる様子をよく見ましょう

　そのためにも、「赤ちゃんに食べさせるのは保育士さん、離乳食を作るのは調理室」という形にとらわれることなく、栄養士や調理員が直接赤ちゃんの食べる様子を見に行くことも大事なことだと思います。時間的には、かなりむずかしいのですが……。でも、ちょっとだけ時間をやりくりしてみてください。

　赤ちゃんってこんな小さな口なんだ……赤ちゃんってこんなに少ししか食べられないんだ……赤ちゃんってこんなにゆっくり食べるんだ……だから、おかゆはこれくらいのやわらかさがいい……だから野菜の大きさはこのくらいなんだ……。だから……が実感できます。

保育士さんと調理室のいい関係を

　介助してくれる保育士さんには、いっぱいいっぱい声かけをしてもらうようにしてください。「おりこうさんだね」「おいしいね」「おなかいっぱいだね」……赤ちゃんたちが「おいしく、楽しく」食べられるように、「食べること」はとっても「楽しいこと」だよ！　って赤ちゃんたちに教えてあげてほしいからです。

　昨日は食べたのに……きょうはなんで食べないのかな……調理の先生たちがせっかく作ってくれたのだから……これだけは食べようね……はNGです。赤ちゃんが口から出してしまったり、いやがったりしたら無理に与えないこと。無理強いすると食事の時間がつらいものになってしまいます。

　ゆっくり、気楽に、「きょうは食べたくないんだね。じゃあ、ミルクを飲もうね」。保育士さんたちの気持ちの余裕が、赤ちゃんたちにも伝わっていきます。小さな頃のそんな体験が、大きくなったとき、きっと返ってくることを保育士さんたちに伝えてください。

離乳食を作るときの大切な視点

安全で安心できる食事を提供しましょう

　出所がはっきりわかる食品であること、新鮮であること、季節の食べものであること、衛生的にあつかわれていること……。赤ちゃんが「安全に、安心して食べられること」は、とっても大事なことです。

　赤ちゃんたちは細菌に対する抵抗力が弱いので、調理にあたる際には食材はもちろんのこと、手指や調理器具も常に清潔な状態にしておきましょう。

　十分に加熱する、調理したら時間をおかず提供することも重要です。

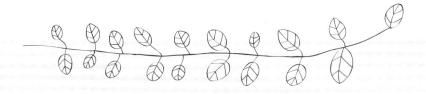

離乳食を始めましょう
富士市健康対策課

離乳食はスプーンに慣れたり、ミルク以外の食べものに
慣れることから始まります。
舌で押し出してしまうようだったら、まだ早い
ということです。しばらく日をあけて、再び試してみましょう。
次第にごっくんができるようになります。
赤ちゃんは一人ひとりみんな違います。

【次ページの表について】
日付を入れてご使用ください。
ひとさじは赤ちゃん用のスプーン約2杯分です。
ここに示すのはあくまでも目安ですが、
「初めてあげる食品はひとさじから」にしましょう。

	日	つぶしかゆ	野菜すりつぶし	豆腐	白身魚	1回に食べるもの	
1日目	／ （ ）	♩				つぶしかゆだけ	1日目
2	／ （ ）	♩				つぶしかゆだけ	2
3	／ （ ）	♪♪				つぶしかゆだけ	3
4	／ （ ）	♪♪				つぶしかゆだけ	4
5	／ （ ）	♩♪				つぶしかゆだけ	5
6	／ （ ）	♩♪				つぶしかゆだけ	6
7	／ （ ）	♩♪				つぶしかゆだけ	7
8	／ （ ）		♩			つぶしかゆと野菜すりつぶし	8
9	／ （ ）		♪♪			つぶしかゆと野菜すりつぶし	9
10	／ （ ）		♩ ※			つぶしかゆと野菜すりつぶし	10
11	／ （ ）		♪♪			つぶしかゆと野菜すりつぶし	11
12	／ （ ）	5〜6さじ程度まで増やす →	5〜6さじまで増やす →			つぶしかゆと野菜すりつぶし	12
13	／ （ ）					つぶしかゆと野菜すりつぶし	13
14	／ （ ）					つぶしかゆと野菜すりつぶし	14
15	／ （ ）			♩		かゆと野菜と豆腐	15
16	／ （ ）			♩		かゆと野菜と豆腐	16
17	／ （ ）			♪♪		かゆと野菜と豆腐	17

※違う野菜をひとさじから

No.	食品	量
18	かゆと野菜と豆腐	
19	かゆと野菜と豆腐	
20	かゆと野菜と豆腐	
21	かゆと野菜と豆腐	
22	かゆと野菜と白身魚	
23	かゆと野菜と白身魚	
24	かゆと野菜と白身魚	
‥		‥
29	かゆと野菜と豆腐か白身魚	豆腐5さじ程度まで、魚2さじ程度まで増やす
30	かゆと野菜と豆腐か白身魚	
31	かゆと野菜と豆腐か白身魚	
32	いろいろな食品を組み合わせて2回食へ	

No.	量
18	（　）／
19	（　）／
20	（　）／
21	（　）／
22	（　）／ 10〜15さじ程度まで増やす
23	（　）／
24	（　）／
‥	‥
29	（　）／
30	（　）／
31	（　）／
32	（　）／

※野菜は2日くらい続けて同じ種類を食べ、2日ごとを目安にいろいろな野菜を食べてみましょう。
※これはあくまで目安になります。お子さんに合わせてすすめましょう。※固ゆで卵黄は中期から※固ゆで卵黄食を始めましょう）

（富士市健康対策課「離乳食を始めましょう」より）

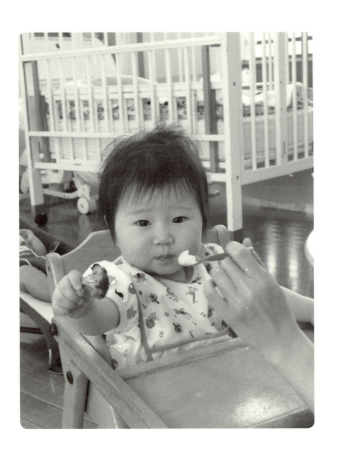

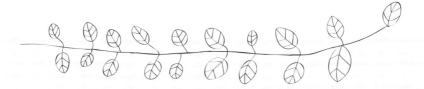

離乳食のすすめ方
段階ごとの食材の大きさ・かたさの目安

赤ちゃんは、舌の動きや消化機能がまだまだ未熟です。
食べやすく、飲み込みやすいことが第一です。
一人ひとりの発達に合わせて
食べものの形やかたさを変化させていきます。

5、6ヶ月頃　ポタージュ状

この時期はまず、**スプーンに慣れる**こと、
ごっくんと飲み込むことを覚えていきます。
やわらかく、なめらかに調理して飲み込みやすくします。
ミルクや母乳からの栄養がほとんどですから、
栄養バランスはまだ考えなくても大丈夫です。

豆腐と人参の裏ごし
豆腐＊と人参はゆでて裏ごしをし、スープでのばします。

おかゆ（10倍がゆ）
おかゆは米1：水10の割合です。

野菜スープ

離乳食のすすめ方
＊アレルギーの確認が必要です。

野菜スープを作りましょう

野菜いろいろ

じゃが芋、人参、玉ねぎ、キャベツ、かぶ、大根などの野菜をいろいろな大きさに切り、圧力鍋（なければ普通の鍋）でゆでます。スープはざるでこして、そのまま使ったり、野菜や豆腐＊など裏ごしをした食材のかたさの調節に使います。ゆでた野菜は、煮物やサラダに使います。

コロコロやスティック状の野菜は、手づかみ食べ用に使えます。

昆布だしを作りましょう

水1/2リットルに昆布10g（10cmくらい）を入れて、30分ほどおきます。

火にかけて沸騰したら、昆布を取り出してこします。

●野菜のあえ物や、魚や豆腐＊の煮物などに使います。だしのおいしさを赤ちゃんにしっかり知ってもらいましょう。

7、8ヶ月頃　豆腐のかたさ

（舌でつぶせるかたさ）

舌を上あごに押しつけ、やわらかいものを
つぶすことができるようになります。
形があって、やわらかいものになります。
食材の種類も増えてきます。
いろいろな食材を取り入れましょう。
野菜はやわらかくゆでて、つぶします。
パサパサした食材は、水溶き片栗粉でとろみをつけます。
味付けは、まだまだ**薄味**です。

豆腐と野菜のとろみ煮
豆腐＊はゆでてつぶします。野菜スープのゆで野菜をつぶして加え、だしで煮て、とろみをつけます。

おかゆ（7倍がゆ）
おかゆは米1：水7の割合です。

野菜スープ

> 離乳食のすすめ方
> ＊アレルギーの確認が必要です。

だしは、かつおだしと煮干しだしも
使えるようになります。
用途に合わせて使いましょう。

かつおだしを作りましょう

　沸騰した湯1/2リットルにかつお節20gを入れます。
煮立つ寸前に火を止めて、ざるでこします。

煮干しだしを作りましょう

　頭とはらわたを取った煮干し20gを、水1/2リットル
に30分ほどつけます。
　10分ほど煮出し、煮干しを取り出してこします。

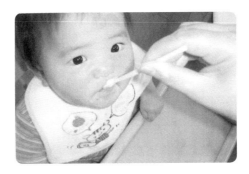

9〜11ヶ月頃　バナナのかたさ

3回食になります。栄養バランスも考えます。
主食（おかゆ、パン、麺類）、**主菜**（たんぱく質）、
野菜（ビタミン・ミネラル）など、かなりの食材が
食べられるようになります。
かたさも少しずつ増していきます。調理形態も
かじりとって食べられるように少し大きめにします。
かじりとることでひと口の大きさを知ります。
小さいものから大きめなものまで
バラエティに富んだ大きさにしましょう。

> 歯ぐきでつぶせるかたさ

じゃが芋と人参やわらか煮

豆腐＊のソテー
ひき肉あん

おかゆ（5倍がゆ）
おかゆは米1：水5の
割合です。

みそ汁（かぶとほうれん草）

野菜はゆで野菜を使います。

離乳食のすすめ方

＊アレルギーの確認が必要です。

手づかみ食べのすすめ方

　手づかみ食べが盛んになってくるので、手に持って食べられるものを用意します。
　取り皿があると便利です。
　手指の動きによって食材の大きさも変わります。

スティック状に切った野菜

にぎって食べています

9〜11ヶ月頃

つまめる大きさ

親指と人差し指を
使います

離乳食のすすめ方

＊アレルギーの確認が必要です。

1/8にカットしたりんご＊の背にフォークでいくつか穴をあけ、レンジで1分ほど加熱したもの

手に持ってかじりとっています

かじりとりの練習になります。

ひと口で食べられる量を知っていきます。

12〜18ヶ月頃　肉団子のかたさ

ほぼ大人と同じものが食べられるようになります。でも、大きさ、かたさには、まだまだ配慮が必要です。
3回の食事とおやつで十分な栄養がとれるようにします。
味付けは薄味を心がけます。手からスプーン、はしへ移行していくためにも大事な**手づかみ食べ**です。赤ちゃんの様子を見ながら、すすめていきましょう。

（歯ぐきでかめるかたさ）

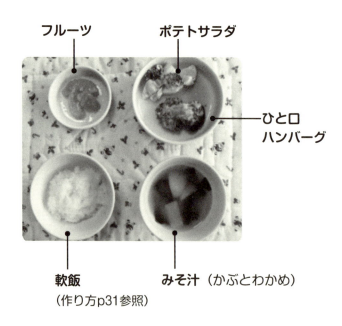

フルーツ
ポテトサラダ
ひと口ハンバーグ
軟飯（作り方p31参照）
みそ汁（かぶとわかめ）

離乳食のすすめ方

食べ方もじょうずになってきます

スプーンは子ども用と介助用の2本用意します。

無理に右手に持たせることはしなくても大丈夫です。

小さいうちは両手を使うので、利き手がはっきりするのはまだまだ先です。

左手にスプーンを持ち、右手でつまむようになります

*アレルギーの確認が必要です。

12〜18ヶ月頃

おやつもひと工夫！

ポテトのお焼き
カリッと焼きます。

にぎりやすいようにスティック状に

小判型でつまみやすく

しらす*おにぎり
つまみやすいように、たわら型ににぎります。

コラム

調理時間を短縮するために
ごはんからおかゆを作る

	ごはん	水	時間
10倍がゆ※	30g	1カップ	15分
7倍がゆ	50g	1カップ	15分
5倍がゆ	50g	3/4カップ	10分
軟飯	50g	1/2カップ	10分

時間は目安です
1カップ＝200cc

作り方●──

① 鍋にごはんと水を入れ強火で煮立て、ふたをして弱火
で、上の表の時間を目安に煮る。

② 火を止め、そのまま10分ほど蒸らす。

※10倍がゆのできあがりはベタベタ状なので、初めの3
週間はすりつぶしてお湯でのばします。

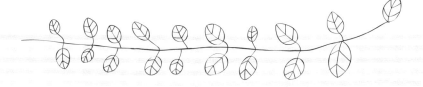

離乳食のレシピ

5、6ヶ月

*アレルギーの確認が必要です。

献立
- つぶし10倍がゆ
- 人参ペースト
- トロトロ豆腐

つぶし10倍がゆ
10倍がゆ（作り方p31参照）をすりつぶし、お湯でのばす。

人参ペースト
人参をやわらかく煮て裏ごしして、お湯でのばす。

トロトロ豆腐
絹豆腐*をゆでて裏ごしする。火にかけ、少量の水溶き片栗粉でとろみをつける。

献立
- 10倍がゆ（作り方p31参照）
- 野菜スープ（作り方p21参照）
- 豆腐と野菜煮

豆腐と野菜煮

材料●
- 絹豆腐* ……………………… 10g
- 人参、かぼちゃ、玉ねぎ… 合わせて20g
- 片栗粉……………………… 少々
- 昆布だし汁………………… 適宜（作り方p21参照）

作り方●
① 絹豆腐はゆでておく。
② やわらかく煮た野菜と豆腐を合わせ、すりこぎでつぶし、だし汁を加えて火を通す。水溶き片栗粉でとろみをつける。

5、6ヶ月

離乳食のレシピ

 献立
10倍がゆ（作り方p31参照）
野菜スープ（作り方p21参照）
白身魚と野菜煮

白身魚と野菜煮

材料●――

タイなど	10g
人参、ほうれん草（葉先）、キャベツなど	合わせて20g
片栗粉	少々
野菜スープ	適宜

　（作り方p21参照）

作り方●――

① 魚はゆでて骨と皮をきれいに取り除く。

② やわらかく煮た野菜と魚を合わせ、すりこぎでつぶし、野菜スープを加えて火を通す。水溶き片栗粉でとろみをつける。

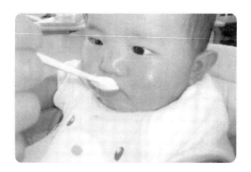

RECIPE

5、6ヶ月

*アレルギーの確認が必要です。

献立
- かぼちゃがゆ
- 野菜スープ（作り方p21参照）
- しらすのおろし煮

かぼちゃがゆ

材料●──10倍がゆ　……適宜（作り方p31参照）
　　　　　かぼちゃ………10g

作り方●──

① かぼちゃはやわらかく煮て裏ごしする。
② 10倍がゆとかぼちゃを合わせて火を通す。

しらすのおろし煮

材料●──しらす干し*…2g
　　　　　大根……………10g

作り方●──

① しらす干しは熱湯をかけて塩抜きをし、すりつぶす。
② 大根はすりおろす。
③ ①と②を合わせて火を通す。

離乳食のレシピ

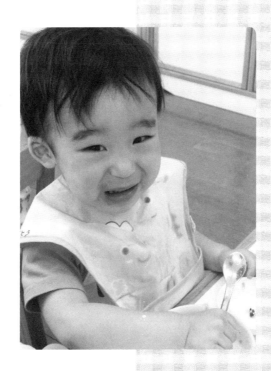

RECIPE

7、8ヶ月

*アレルギーの確認が必要です。

献立
7倍がゆ（作り方p31参照）
野菜スープ（作り方p21参照）
豆腐とじゃが芋の煮物

豆腐とじゃが芋の煮物

材料●──絹豆腐*………30g
　　　　じゃが芋………10g
　　　　人参……………10g
　　　　玉ねぎ…………10g
　　　　昆布だし汁……適宜（作り方p21参照）

作り方●──

① 豆腐は5ミリ角に切る。じゃが芋、人参、玉ねぎは1cmくらいのさいの目に切り、やわらかく煮る。
② 豆腐と野菜を合わせてつぶし、だし汁で煮込む。

7、8ヶ月

離乳食のレシピ

*アレルギーの確認が必要です。

献立
- **7倍がゆ**（作り方p31参照）
- **野菜スープ**（作り方p21参照）
- **白身魚のトマト煮**

白身魚のトマト煮

材料●──白身魚（ヒラメ、カレイ、鮭、タラ*など）… 10g
　　　　ブロッコリー……………………………………… 10g
　　　　玉ねぎ……………………………………………… 10g
　　　　人参………………………………………………… 10g
　　　　トマト……………………………………………… 10g
　　　　野菜スープ………………………………………… 適宜
　　　　（作り方p21参照）

作り方●──

① 白身魚はゆでて骨と皮を取り除く。ブロッコリーは小房に分け、軸は取る。玉ねぎ、人参は1cmくらいのさいの目に切る。

② トマトは湯むきして種を取り、さいの目に切る。

③ 野菜スープで野菜と魚を煮込み、やわらかくなったら粗くつぶす。

RECIPE

7、8ヶ月

*アレルギーの確認が必要です。

献立
- しらすと青菜のおかゆ
- 野菜スープ（作り方p21参照）
- 鶏ささみと野菜の煮物

しらすと青菜のおかゆ

材料●
- 7倍がゆ ………………… 50～60g
  （作り方p31参照）
- しらす干し* ……………… 3g
- ほうれん草（葉先を使用）… 5g

作り方●

① しらす干しは熱湯をかけて粗みじんにする。ほうれん草はゆでて細かく刻む。

② 7倍がゆと①を合わせて火を通す。

離乳食のレシピ

鶏ささみと野菜の煮物

材料●──鶏ささみひき肉‥‥‥‥10g
　　　　白菜（葉先を使用）‥‥‥10g
　　　　大根‥‥‥‥‥‥‥‥‥‥10g
　　　　人参‥‥‥‥‥‥‥‥‥‥10g
　　　　昆布だし汁‥‥‥‥‥‥‥適宜
　　　　（作り方p21参照）
　　　　しょうゆ、砂糖‥‥‥‥‥少々
　　　　片栗粉‥‥‥‥‥‥‥‥‥適宜
　　　　野菜スープ‥‥‥‥‥‥‥適宜
　　　　（作り方p21参照）

作り方●──

① 白菜は1cmの角切り、大根、人参は1cmくらいのさいの目に切り、野菜スープでやわらかく煮る。
② 鶏ひき肉はゆでる。
③ ①と②を合わせて粗くつぶし、だし汁で煮込む。しょうゆと砂糖を少量加え、水溶き片栗粉でとろみをつける。

RECIPE

7、8ヶ月

*アレルギーの確認が必要です。

献立
豆乳うどん
白身魚のかぼちゃあん

豆乳うどん

材料●
- ゆでうどん*……………………40g
- キャベツ（葉先を使用）………10g
- 人参………………………………10g
- ほうれん草（葉先を使用）……10g
- 豆乳………………………………20cc
- 昆布だし汁………………………適宜（作り方p21参照）
- 塩…………………………………少量

作り方●

① うどんはゆでて2cmくらいに切る。

② キャベツ、人参はやわらかく煮てみじん切りにする。

③ ほうれん草は葉先をゆでて細かく刻む。

④ 鍋にだし汁を入れて①、②を加え、煮込む。

⑤ 豆乳とほうれん草も加え、塩で味を調える。

離乳食のレシピ

*アレルギーの確認が必要です。

白身魚のかぼちゃあん

材料●──白身魚（ヒラメ、カレイ、鮭、タラ＊など） 10g
　　　　かぼちゃ……………………………………… 15g
　　　　玉ねぎ………………………………………… 5g
　　　　野菜スープ…………………………………… 適宜
　　　　　（作り方p21参照）
　　　　しょうゆ……………………………………… 少量

作り方●──

① 魚はゆでて骨と皮を取り除き、ほぐしておく。
② かぼちゃはゆでてマッシュする。玉ねぎはみじん切りにしてゆでる。
③ ②を鍋に入れ野菜スープを加えて、しょうゆで味をつける。白身魚を加えて、さっと火を通す。

RECIPE

9〜11ヶ月

*アレルギーの確認が必要です。

献立

5倍がゆ（作り方p31参照）
みそ汁
マグロの照り焼き
キャベツの煮びたし

みそ汁

材料●──
- かぶ…………10g
- かぶの葉………5g
- わかめ…………適宜
- かつおだし汁…適宜
  （作り方p23参照）
- みそ……………少々

作り方●──

① かぶはいちょう切りにする。かぶの葉は粗いみじん切りにして、ゆでておく。わかめは水で戻して、細かく刻む。

② だし汁でかぶをやわらかく煮て、葉とわかめを加え、みそで味を付ける。

マグロの照り焼き

材料●──
- マグロ刺身*用……15g
- 砂糖、しょうゆ……少々
- 小麦粉………………少々
- 油……………………少々

作り方●──

① ボウルに砂糖、しょうゆを合わせ、マグロをつける。

② ①の表面に茶こしで小麦粉をふり、油を熱したフライパンで蒸し焼きにする。

キャベツの煮びたし

材料●──キャベツ…………10g
　　　　人参……………… 5g
　　　　ほうれん草………10g
　　　　かつおだし汁……適宜
　　　（作り方p23参照）
　　　　しょうゆ…………少々

作り方●──

① キャベツと人参は千切りにしてゆでる。ほうれん草はゆでて細かく刻む。
② かつおだし汁を煮立て①を加え、しょうゆで味を調える。

9〜11ヶ月

＊アレルギーの確認が必要です。

献立
- 焼きうどん
- 野菜スープ（作り方p21参照）
- かぼちゃの煮物

焼きうどん

材料●
- 乾麺＊ ……… 25g
- 豚ひき肉 …… 15g
- キャベツ …… 10g
- 人参 ………… 10g
- 玉ねぎ ……… 10g
- 削り節 ……… 少々
- 油 …………… 適宜
- しょうゆ …… 少々

作り方●

① 乾麺は2cm長さに折って、やわらかくゆでる。

② 野菜は千切りにする。

③ 豚ひき肉は油で炒めて、野菜も加えさらに炒める。水適量を入れ、蒸し煮にする。

④ 削り節を加えて①を入れ、しょうゆで味を調える。

離乳食のレシピ

かぼちゃの煮物

材料●──かぼちゃ……………20g
　　　　砂糖、しょうゆ……少々

作り方●──

① かぼちゃは皮と種を取り、1.5cmくらいのさいの目に切る。
② かぼちゃがかぶるくらいの水と調味料を入れ、やわらかくなるまで煮る。

RECIPE

9～11ヶ月

5倍がゆ（作り方p31参照）
みそ汁
豆腐ハンバーグ
人参とじゃが芋のやわらか煮

献立

みそ汁

材料●──白菜……………10g
　　　　小松菜…………10g
　　　　かつおだし汁……適宜（作り方p23参照）
　　　　みそ……………少々

作り方●──

① 白菜は千切り、小松菜はゆでて細かく刻む。
② だし汁に白菜を入れて煮る。小松菜も加え、みそで味を調える。

●白菜、青菜類、キャベツなどは繊維を断つように切ります。

離乳食のレシピ

*アレルギーの確認が必要です。

豆腐ハンバーグ

材料●──木綿豆腐* ………… 20g
　　　　豚ひき肉 ………… 15g
　　　　玉ねぎ …………… 10g
　　　　卵* ……………… 少々
　　　　片栗粉 …………… 少々
　　　　大根 ……………… 15g
　　　　砂糖、しょうゆ …… 少々
　　　　油 ………………… 適宜

作り方●──

① 木綿豆腐は水をきり、つぶす。玉ねぎはみじん切りにして、かるく炒める。
② 大根はおろして水少々と砂糖、しょうゆを加え、ひと煮立ちさせる。
③ ①と豚ひき肉、片栗粉、卵をよく混ぜ、小さい小判型を2つ作る。
④ 油を熱したフライパンで③を蒸し焼きにする。皿に取り、②をかける。

人参とじゃが芋のやわらか煮

材料●──人参 ………………… 5g
　　　　じゃが芋 …………… 15g
　　　　砂糖、しょうゆ …… 少々

作り方●──

① 人参とじゃが芋は1.5cmのさいの目に切る。
② かぶるくらいの水と砂糖、しょうゆでやわらかく煮る。

RECIPE

9〜11ヶ月

*アレルギーの確認が必要です。

献立
- トースト
- じゃが芋のポタージュ
- トマトと卵炒め
- ゆでブロッコリー
- 人参甘煮

トースト

材料●──食パン*8枚切り……1/2枚分

作り方●──スティック状に切って軽くトーストする。

じゃが芋のポタージュ

材料●──じゃが芋……………30g
　　　　玉ねぎ………………10g
　　　　バター*………………少々
　　　　牛乳*…………………60g
　　　　塩……………………少々
　　　　野菜スープ…………適宜
　　　（作り方p21参照）

作り方●──

① じゃが芋は小さめの乱切り、玉ねぎはスライスする。

② 鍋にバターを入れ①を炒め、野菜スープを加えて煮込む。

③ ②をミキサーにかけて、トロトロにする。

④ 鍋に戻し、牛乳を加えてひと煮立ちさせる。

⑤ 塩で味を調える。

離乳食のレシピ

*アレルギーの確認が必要です。

トマトと卵炒め

材料●──トマト…………20g
　　　　卵＊……………1/2個
　　　　牛乳＊…………10g
　　　　塩………………少々

作り方●──

① トマトは湯むきして種を取り除き、1cm角に切る。
② 卵を溶きほぐし、牛乳と塩を加える。トマトも加える。
③ 熱したフライパンに流し入れ、菜箸でかきまぜながらふんわり仕上げる。

ゆでブロッコリー

① ブロッコリー10gを小房に分け、つまみやすい大きさにしてやわらかくゆでる。

人参甘煮

材料●──人参……………15g
　　　　砂糖、バター＊…少々

作り方●──

① 人参はつまみやすい大きさに切る。
② 鍋に人参、水、砂糖、バターを入れ、人参がやわらかくなるまで煮る。

RECIPE

12〜18ヶ月

*アレルギーの確認が必要です。

大きい子たちの給食から取り分けができます。
小さく、やわらかく、より薄味にしましょう。

献立

軟飯（作り方p31参照）
みそ汁
かぼちゃコロッケ
グリーンサラダ
フルーツ

みそ汁

材料●
- 大根……………15g
- 大根葉……………5g
- 油揚げ*…………2g
- かつおだし汁……適宜
  （作り方p23参照）
- みそ………………少々

作り方●

① 大根は小さめのいちょう切りにする。葉はゆでて細かく刻む。油揚げは短めの千切りにする。

② 鍋にだし汁を入れ、大根をやわらかく煮る。油揚げも加え、みそを入れる。

③ 大根の葉をちらす。

離乳食のレシピ

*アレルギーの確認が必要です。

かぼちゃコロッケ

材料●──

かぼちゃ……………………20g
豚ひき肉……………………15g
玉ねぎ………………………10g
油………………………………適宜
塩………………………………少々
小麦粉、卵*、パン粉…適宜
揚げ油………………………適宜
ケチャップ…………………少々

作り方●──

① かぼちゃは皮と種を取り、大きめに切ってゆでてつぶす。玉ねぎはみじん切りにする。

② 豚ひき肉と玉ねぎを油で炒め、かぼちゃと合わせて塩で味を付ける。

③ 小さな小判型を3つ作り、小麦粉、卵、パン粉をまぶす。

④ 適量の油で揚げる。

⑤ ケチャップをかけていただく。

グリーンサラダ

材料●──

キャベツ…………………10g
ブロッコリー……………10g
きゅうり…………………10g
プレーンヨーグルト* …少々

作り方●──

① キャベツときゅうりは、短めの千切りにしてゆでる。ブロッコリーは小房に分けてゆでる。

② ①をプレーンヨーグルトであえる。

フルーツ●季節のもの

RECIPE

12〜18ヶ月

＊アレルギーの確認が必要です。

軟飯（作り方p31参照）
具だくさん野菜スープ
マカロニグラタン
フルーツ

献立

具だくさん野菜スープ（作り方p21参照）
野菜数種類、水菜も使えます。

マカロニグラタン

材料●──マカロニ＊ ………… 10g
　　　　鶏むね肉 ………… 15g
　　　　玉ねぎ ………… 10g
　　　　ブロッコリー ……… 5g
　　　　油 ………………… 適宜
　　　　ホワイトソース …… 適宜
　　　　粉チーズ＊ ………… 適宜

作り方●──

① マカロニはやわらかくゆでる。鶏むね肉は食べやすい大きさに切る。玉ねぎはスライス、ブロッコリーは小房に分けてゆでる。
② 鶏肉、玉ねぎは油で炒める。
③ マカロニと②、ブロッコリーを合わせ、ホワイトソースであえて器に入れる。粉チーズをふってオーブンで焼く。

離乳食のレシピ

*アレルギーの確認が必要です。

フルーツ●季節のもの

簡単ホワイトソース

材料●──小麦粉…… 10g
　　　　バター* … 10g
　　　　牛乳* …… 100g
　　　　塩………… 少々

作り方●──

① 小麦粉とバターを耐熱の器に入れ、レンジに2分かける。
② よくかきまぜて半量の牛乳を加え、レンジで2分。
③ 残りの牛乳を少しずつ加えてよく混ぜ、さらにレンジで2分。塩で味を調える。

RECIPE

12〜18ヶ月

さつま芋ごはん

材料●──軟飯‥‥‥‥80g
　　　　（作り方p31参照）
　　　　さつま芋‥‥‥10g
　　　　塩‥‥‥‥‥少々

献立
さつま芋ごはん
すまし汁
サンマの蒲焼き
ほうれん草のあえ物
フルーツ

作り方●──
① さつま芋は皮をむき、1cm角のさいの目に切ってやわらかくゆでる。
② 軟飯に①と塩を混ぜ込む。

すまし汁

材料●──大根‥‥‥‥‥10g
　　　　人参‥‥‥‥‥5g
　　　　えのき茸‥‥‥5g
　　　　絹さや‥‥‥‥1g
　　　　かつおだし汁‥‥適宜（作り方p23参照）
　　　　薄口しょうゆ‥‥少々

作り方●──
① 大根、人参は千切りにする。えのき茸は1/4にカットしてほぐす。
② 絹さやはゆでて細めの千切りにする。
③ だし汁に①を入れ、やわらかくなるまで煮る。薄口しょうゆで味をつけ、②をちらす。

離乳食のレシピ

*アレルギーの確認が必要です。

サンマの蒲焼き

材料●
- サンマ*（3枚おろしにしたもの）……20g
- 小麦粉……………………………………少々
- 砂糖、みりん、しょうゆ……………適宜
- 油…………………………………………適宜

作り方●
① サンマに小麦粉をまぶし、油をひいたフライパンで焼く。
② 調味料を合わせてフライパンに入れ、サンマにからめる。

ほうれん草のあえ物

材料●
- ほうれん草……15g
- 削り節…………適宜
- しょうゆ………少々

作り方●
① ほうれん草はゆでて細かく刻む。
② ①に削り節としょうゆを加え、合わせる。

フルーツ●季節のもの

RECIPE

57

12〜18ケ月

*アレルギーの確認が必要です。

みそ汁

材料●──絹豆腐* ……………10g
　　　　　小松菜……………10g
　　　　　ねぎ……………… 5g
　　　　　かつおだし汁……適宜
　　　　　（作り方p23参照）
　　　　　みそ………………少々

献立
軟飯（作り方p31参照）
みそ汁
鮭のホイル焼き
切り干し大根の煮物
フルーツ

作り方●──

① 豆腐は1cm角に切る。小松菜はゆでて細かく刻む。ねぎは小口切りにする。

② だし汁に豆腐を入れて火を通し、小松菜、ねぎも加えてみそで味を付ける。

鮭のホイル焼き

材料●──生鮭………… 20g
　　　　　えのき茸…… 10g
　　　　　玉ねぎ……… 10g
　　　　　バター* …… 少々
　　　　　しょうゆ…… 少々

作り方●──

① 生鮭は食べやすい大きさに切る。えのき茸は1/4にカットしてほぐす。玉ねぎはスライスする。

② ホイルの上に①を並べ、バターをのせて包む。

③ オーブンで焼き、しょうゆをかける。

離乳食のレシピ

*アレルギーの確認が必要です。

切り干し大根の煮物

材料●──切り干し大根……………… 2g

　　　　人参……………………………10g

　　　　油揚げ*………………………… 2g

　　　　油………………………………適宜

　　　　昆布だし汁……………………適宜

　　　　　（作り方p21参照）

　　　　砂糖、しょうゆ、みりん……適宜

作り方●──

① 切り干し大根は水で戻し、2cmくらいの長さに切る。人参は千切り、油揚げは細切りにする。

② ①を油で炒め、だし汁、調味料を加えてやわらかくなるまで煮る。

フルーツ●季節のもの

RECIPE

あると便利な道具

忙しい時間帯に、効率よく作るために
道具はとっても大事です。

圧力鍋

野菜スープを作るのに便利

ミルサー

野菜などを
ポタージュ状にする

すり鉢・すりこぎ

すりつぶす

みそこし

裏ごし、お湯きり

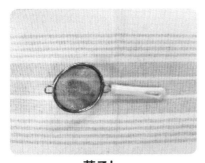

茶こし
少量のものをこす、
粉をふるう

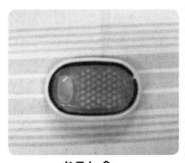

おろし金
おろす
（野菜、高野豆腐、麩など）

大きいスプーン
つぶす、よそう

大きいフォーク
つぶす、ほぐす

小さい鍋
少量調理に便利

あると便利な道具

小さいお玉
少量よそうのに

こんな道具もあると便利です。

小さいマッシャー
小さい泡立て器

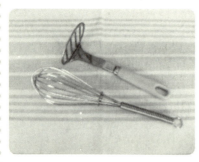

赤ちゃん専用のまな板、包丁も用意しましょう。

コラム

白身魚、赤身魚、青背魚って何？

　白身魚にはタイ、カレイ、ヒラメ、イサキ、スズキ、鮭、タラ＊……などがあります。銀ダラやメカジキも白身魚ですが、脂が多いので離乳食には使用しません。

　最初はタイから始めましょう。7ヶ月頃から、ヒラメやカレイにすすめます。生鮭やタラも使えます。皮と骨をしっかり取って火を通します。

　赤身魚＊はマグロなど。青背魚＊はサンマ、サバ、アジ、イワシなど。いろいろな野菜と一緒に煮て、とろみをつけます。12ヶ月を過ぎる頃には何でも食べられます。パサパサが苦手な赤ちゃんには、野菜あんなどをかけると食べやすくなります。

＊アレルギーの確認が必要です。

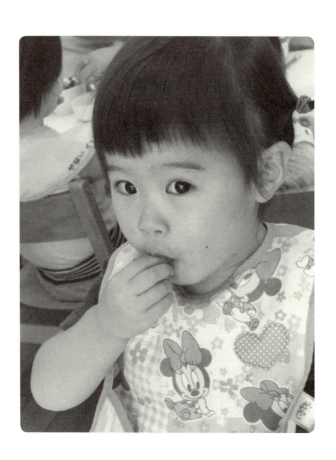

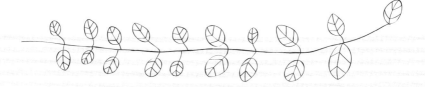

２歳未満児の
食形態早見表
富士市こども未来課
(平成28年)

この表はあくまでも目安です。
個人差がありますので
お子さんの状況に合わせて変更してください。

2歳未満児の食形態早見表 ＊はアレルギー注意食品

	食品	5・6月頃（初期） ポタージュ状		7・8月頃（中期） 舌と上顎でつぶす	9〜11月頃（後期） 歯茎でつぶす	
【穀類】	粥〜米	重湯多めの10倍粥〜スプーンの背でつぶれる10倍粥		7倍粥	5倍粥	
	白玉団子					
	もち					
	食パン＊	－	すりつぶし	1cm角パン粥（野菜スープや調整粉乳、水で）	スティック（耳を取って1/4切を3等分）	
	ロールパン＊	－		－	－	
	うどん＊	－	すりつぶし	1cm	2cm	
	そうめん＊	－		1cm	2cm	
	スパゲッティー＊	－		－	2cmやわらか	
	マカロニ＊				2cm	
	小町麩＊	－	すりおろし	きざみ	スプーンに乗る大きさ	
【芋類】	じゃがいも	マッシュポテトのばし		1cm角煮つぶし		
	さつまいも	マッシュさつまのばし		1cm角煮つぶし		
	こんにゃく	－		－	－	
	里芋＊	－		－	－	
	山芋＊	－		－	－	

富士市こども未来課

12〜18月頃（完了期）歯茎で噛める硬さ	19〜24ヶ月	備考
軟飯　手づかみ食べが始まったら おにぎり一口大2〜3個		軟飯は粥2：ごはん1→粥1：ごはん2まで状況に合わせて使い分ける
（豆腐・南瓜・じゃが芋等を混ぜると良い）		のどに詰まる恐れがあるので、3歳クラスから1.5cm径を職員のもとで提供。
		のどに詰まる恐れがあるので、3歳クラスから1.5cm角を職員のもとで提供。
スティック→1/4切	1/4を2枚合わせてジャム付	トーストすると上顎に付きにくい
食パンに比べ脂肪が多いので、1歳頃〜1/4切れから		
スプーンに乗る大きさ→5cm手づかみ用		乾麺は茹でて水洗いして塩分を除く
スプーンに乗る大きさ→5cm手づかみ用		乾麺は茹でて水洗いして塩分を除く
スプーンに乗る大きさ→5cm手づかみ用		
スプーンに乗る大きさ	そのまま	
	そのまま	
1〜2cm角	一口大	
1〜2cm角	一口大	
－	2歳クラスから大きさを確認をしながら	
		1歳クラスからぬめりを取って使用
		すりおろしつなぎ用として1歳クラス〜

2歳未満児の食形態早見表　*はアレルギー注意食品

	食品	5・6月頃（初期）ポタージュ状		7・8月頃（中期）舌と上顎でつぶす	9〜11月頃（後期）歯茎でつぶす	
【豆類】	大豆*	−	ペースト	皮むきつぶす	薄皮除く	
	うずら豆	−	ペースト	皮むきつぶす	薄皮除く（薄味）	
	豆腐*	すりつぶし		1cm角	1.5cm角	
	厚揚げ*	−		−	まわりを除いて1cm角〜	
	油揚げ*	−		−	−	
	高野豆腐*	−		乾物をすりおろし煮	きざみ煮	
	きな粉*	−	○	○	○	
	納豆*	−	茹でペースト	茹でこぼしてぬめりを取って刻み納豆		
【魚類】	しらす干し*	−	すりつぶし	みじん切り	粗みじん	
	白身魚	茹ですりつぶし+とろみ		小さめほぐし+とろみ	1cm位粗ほぐし	
	鮭	−		茹でこぼして小さくほぐす	1cm位粗ほぐし	
	赤・青魚*	−		−	1cm位粗ほぐし	
	ツナ缶*	−		−	−	
	ししゃも*	−		−		
	わかさぎ*	−		−		

	12〜18月頃（完了期）歯茎で噛める硬さ	19〜24ヶ月	備考
	そのまま		
	そのまま		
	そのまま		
		まわりもOK	
	油抜きしてOK		
	5mm薄切り〜		
	○	○	
	（付属のたれは使用不可）		
	そのまま		全て茹でこぼして使う
	一口大〜		たら＊はアレルギーの確認が必要
	一口大〜		白身魚だが脂肪が多いので別扱い
	一口大〜		かじき・ぶり・まぐろ・さんま・いわし・さば・さわら等
	油を取って粗ほぐし		
	−	頭・尾を除き1.5cm〜	
	−		2歳クラス〜1.5cm〜

2歳未満児の食形態早見表　*はアレルギー注意食品

	食品	5・6月頃（初期）ポタージュ状	7・8月頃（中期）舌と上顎でつぶす	9〜11月頃（後期）歯茎でつぶす	
【魚類】	むきえび*	−	−	−	
	エビフライ*	−	−	−	
	桜えび*	−	−	−	
	いか・たこ	−	−	−	
	蒲鉾・竹輪・半ぺん*	−	−	−	
	あさり缶	−	−	−	
	刺身*	−	−	−	
【肉類】	ささみ	−	すりつぶし+とろみ	みじん+とろみ	
	鶏レバー	−	ペースト	みじん+とろみ	
	ひき肉	−	−	そぼろ（とろみ）/ 1cm団子〜	
	豚もも	−	−	−	
	鶏もも	−	−	−	
	ハム・ウインナー・ベーコン*	−	−	−	
【乳類】	牛乳*	−	−	−	
	プレーンヨーグルト*	−	食べにくいようなら極少量の砂糖をプラスして		

	12 〜 18月頃（完了期） 歯茎で噛める硬さ	19 〜 24 ヶ月	備考
	きざみ〜		
	−	2歳クラス〜	
	1歳クラス〜		
	すり身は1歳〜		
	−	2歳クラス〜	奥歯が生えてから添加物の少ないものを
	1歳クラス〜		生は禁止
	−	−	3歳を過ぎてから
	粗みじん	1.5cm大〜	
	粗みじん	1.5cm大〜	豚は硬いので、完了〜様子をみて。レバーは有害物質・抗生物質があるので、使用頻度を考慮する
	子どもの様子で細かく刻む又はしゃぶしゃぶ肉		
	離乳完了後1cm大〜		
	−	咀嚼に合わせて	塩分や添加物の少ない物を選び、茹でこぼして
	調理用は中期から。飲用は1歳から、ただし保育園では家庭で試した後次の月から。		

2歳未満児の食形態早見表　*はアレルギー注意食品

	食品	5・6月頃（初期）ポタージュ状		7・8月頃（中期）舌と上顎でつぶす	9～11月頃（後期）歯茎でつぶす	
【乳類】	加糖ヨーグルト*	−		−	−	
	プロセスチーズ*	▨	−	−	粉チーズかサラダチーズを	
	生クリーム・高脂肪アイス*	−		−	−	
【卵類】	鶏卵*	−		8ヶ月〜 卵黄1さじ〜1/2個	全卵1/3〜	
【野菜類】	枝豆・Gピース	−	マッシュのばし	薄皮むきすりつぶし		
	オクラ	−		−	きざみ〜薄切	
	かぶ根	すりつぶし		7mm角	1cm角〜	
	かぼちゃ	うらごし		皮無煮1cm角	皮無煮1.5cm角〜	
	絹さや	−		−	−	
	さやいんげん	−		1cm	スティック煮〜	
	きゃべつ	すりつぶし		加熱1cm色紙〜		
	きゅうり	−		−	角切り煮/スティック煮	
	ごぼう	−		−	圧力鍋で1cm角〜	
	小松菜	葉先すりつぶし		葉先みじん切り	葉先粗きざみ	
	大根	おろし		1cm角	角切り煮/スティック煮	

12〜18月頃（完了期）歯茎で噛める硬さ	19〜24ヶ月	備考
寒天・ゼラチン他原材料を確認して		
少量料理として使用。固形は2歳から。		
少量から様子をみて		
全卵1/2〜		
粗つぶし	歯をみて粒	
5mm幅〜		
		初期うらごしは硬いようならのばす
千切〜		
		物によっては硬いので注意
1.5cm幅	未満児と同じ	
煮物	未満児と同じ	
圧力鍋で1.5cm角〜	圧力鍋で未満児と同じ	
葉先1.5cm幅	未満児と同じ	
煮物	煮物	

2歳未満児の食形態早見表 *はアレルギー注意食品

食品	5・6月頃（初期）ポタージュ状	7・8月頃（中期）舌と上顎でつぶす	9～11月頃（後期）歯茎でつぶす	
切干大根（茹で干）	－	－	きざみ～	
たけのこ	－	－	－	
玉葱	すりつぶし	1cm色紙～		
チンゲンツァイ	すりつぶし	みじん切り	1cm	
とうもろこし	－	－	－	
コーンホール缶	－	－	－	
トマト	煮て皮種取すりつぶし	皮除き5mm角	皮除き7mm角	
ミニトマト	－	－	－	
なす	－	皮むき水さらし7mm角	皮むき1cm角～	
人参	すりつぶし	7mm角	1cm角/スティック煮	
ねぎ	－	－	－	
にら	－	－	－	
白菜	すりつぶし	加熱1cm色紙～		
ピーマン	－	－	－	
ブロッコリー	－	7mm大+とろみ	1cm大～	

【野菜類】

12～18月頃（完了期） 歯茎で噛める硬さ	19～24ヶ月	備考
－	穂先やわらか煮	
1.5cm～		
－	茹1cm輪切～	おやつは奥歯が生えそろってから（2歳位）
○	○	
皮除き一口大～		
皮除き1/4切～1/2切		
皮つき		
未満児と同じ		
スープみじん切り～		
スープみじん切り～		
1.5cm幅	未満児と同じ	
－	千切・色紙切	
	1.5cm大～	

2歳未満児の食形態早見表　*はアレルギー注意食品

	食品	5・6月頃（初期） ポタージュ状	7・8月頃（中期） 舌と上顎でつぶす	9〜11月頃（後期） 歯茎でつぶす	
【野菜類】	ほうれんそう	葉先すりつぶし	葉先みじん切り	葉先粗きざみ	
	水菜	－	－	－	
	もやし	－	－	－	
	れんこん	－	－	圧力鍋で1cm角〜	
	しょうが	－	－	－	
	にんにく	－	－	－	
	パセリ	－	－	－	
【果物類】	いちご*	－	つぶす	一口大〜	
	すいか*	－	7mm角〜	1cm角〜	
	みかん	－	薄皮除き粗みじん	薄皮除き1cm切	
	りんご*	おろし煮（すぐ食べるなら生OK）	7mm角やわらか煮	1cm角煮	
	その他*	離乳食にはお勧めしない果物：防カビ剤等が危険（バナナ・オレンジ・グレープフルーツ・アメリカンチェリー等）、			
【きのこ類】	えのき・しめじ・椎茸・舞茸等	－	－	－	
	エリンギ	－	－	－	
【海藻類】	わかめ	－	－	トロトロ煮〜	

12～18月頃（完了期） 歯茎で噛める硬さ	19～24ヶ月	備考
葉先1.5cm幅	未満児と同じ	
細かく刻んでスープ〜		
5mm〜	1.5cm〜	
圧力鍋で1.5cm角〜	圧力鍋で未満児と同じ	
みじん切り少量〜		
みじん切り少量〜		
みじん切り少量〜		
薄皮除く		
煮りんご又は生スライス		
南国産はアレルギー確認が必要（メロン・キウイ・パイナップル・マンゴー等）、 消化が悪い（柿・梨）、甘すぎる（ぶどう）		
きざみ〜		消化悪いので完了から
−	きざみ	

2歳未満児の食形態早見表　＊はアレルギー注意食品

	食品	5・6月頃（初期） ポタージュ状	7・8月頃（中期） 舌と上顎でつぶす	9〜11月頃（後期） 歯茎でつぶす	
【海藻類】	寒天	－	－	－	
	焼きのり	－	－	－	
	とろろ昆布	－	－	－	
	青のり	－	－	－	
【その他】	ごま＊	－	－	－	
	砂糖	－	○極少量	○	
	しょうゆ	－	○極少量	○	
	みそ	－	○極少量	○	
	マヨネーズ＊				
	ケチャップ	－	－	○極少量	
	ソース	－	－	○極少量	
	みりん	－	－	－	
	酒	－	－	－	
	酢	－	－	－	
	カレー粉	－	－	－	

	12〜18月頃（完了期） 歯茎で噛める硬さ	19〜24ヶ月	備考
	○	○	
	○	おにぎりは2歳〜	のどに貼りつくので注意
	塩分が多いので量に注意して		
	○	○	
	○	○	アレルギーに注意して1歳〜
	○	○	
	○	○	
	○	○	
	○	○	そのままつけたり、かけたりは1歳半頃〜
	○	○	そのままつけたり、かけたりは2歳半頃〜
	○	○	そのままつけたり、かけたりは3歳半頃〜
	○	○	アルコールを充分飛ばして
	○	○	アルコールを充分飛ばして
	○極少量〜	○	極少量から
	○極少量〜	○	

2歳未満児の食形態早見表　＊はアレルギー注意食品

	食品	5・6月頃（初期） ポタージュ状	7・8月頃（中期） 舌と上顎でつぶす	9〜11月頃（後期） 歯茎でつぶす	
[その他]	カレールウ＊	－	－	－	
	はちみつ・黒糖	－	－	－	
	メープル シロップ	－	－	－	
	バター＊		○少量〜	○	
	サラダ油	－	－	○	
	ごま油	－	－	○	
	ほうじ茶・麦茶 （番茶・玄米茶）	麦茶はカフェイン0、ほうじ茶・番茶・玄米茶はカフェインが少ないので、 白湯で薄めたものなら5ヶ月〜			
	ココア＊				
	ゼラチン＊	－	－	○	
	100%ジュース	糖分が多く、ブドウ糖果糖液糖も含まれているので必要ない			
	生水道水	－	－	－	
	昆布だし	○	○	○	
	鰹だし	－	○	○	
	煮干だし	－	△	○	
	鶏豚スープ	－	－	○	

12〜18月頃（完了期）歯茎で噛める硬さ	19〜24ヶ月	備考
○極少量〜	○	添加物が多いので、1歳クラスから薄味で
○	○	乳児ボツリヌス症の感染源のおそれ有1歳〜
○	○	10ヶ月から可能だが、ホットケーキを食べる1歳〜
○	○	
○	○	
○	○	
市販のペットボトルのほうじ茶や麦茶は2倍に薄める。		
センイを含むので、便がゆるくなりやすいので様子を見る		カフェインを少量含むので、1歳を過ぎて離乳が順調に進んでいるなら薄めでOK。
○	○	
○あえて飲むなら1歳〜		
○	○	
○	○	
○	○	
○	○	8ヶ月〜
○	○	

離乳食に適さない食材一覧

離乳食に適さない食材	備考
白玉団子	３歳頃から使用できます
もち	３歳頃から使用できます
こんにゃく	２歳クラスから大きさを確認しながら
そば	アレルギーを起こす可能性があります
シシャモ	塩分が多い。小骨も心配
ワカサギ	小骨が心配
イカ	アレルギーを起こす可能性があります
タコ	咀しゃくがむずかしい
エビ	アレルギーを起こす可能性があります
カキ	アレルギーを起こす可能性があります
ホタテ	アレルギーを起こす可能性があります
アサリ	アレルギーを起こす可能性があります
はんぺん	咀しゃくがむずかしい。添加物も多い
ちくわ	咀しゃくがむずかしい。添加物も多い
かまぼこ	咀しゃくがむずかしい。添加物も多い
刺身	生は３歳を過ぎてから
豚バラ肉	脂が多いので離乳食には使用しません
ハム・ウインナー・ベーコン	塩分・添加物が多いので離乳食には使用しません
コンビーフ	脂が多いので離乳食には使用しません
とうもろこし	おやつは奥歯が生えそろってから（２歳くらい）

離乳食に適さない食材	備考
ピーマン	咀しゃくがむずかしい。細かく刻んで
たけのこ	咀しゃくがむずかしい
ぶどう	甘すぎる
バナナ・オレンジ・グレープフルーツ	防カビ剤等が危険
アメリカンチェリー	ポストハーベスト農薬が危険
プルーン	咀しゃくがむずかしい
メロン・キウイ・パイナップル・マンゴー	南国産はアレルギー確認が必要
柿・梨	消化が悪い
アボカド	油分が多い
ひじき	無機ヒ素の問題があります
エリンギ	繊維質が多い
コンソメ	天然のだし汁を使用します
カレールウ	添加物が多い
ナッツ類	のどに詰まらせる心配。アレルギーも
コーヒー・紅茶・緑茶	カフェインが含まれているので離乳食には使用しません
ジュース・炭酸飲料	糖分が多いので離乳食には使用しません

【著者プロフィール】

小川美智子

福生市弥生保育園元栄養士

長く携わってきた仕事……たくさんの助けがありました。
若い栄養士さんたちに少しでも還元できたらいいな、
と思っています。

【著書】
『給食室の仕事・基本のき』芽ばえ社
『旬がおいしい！ 保育園のシンプル献立』芽ばえ社

【写真】小川美智子　真田志津子

保育園の離乳食

2016年7月1日　発行

2022年3月10日　第3刷発行

編著者　小川美智子・食べもの文化編集部
発行所　株式会社芽ばえ社
東京都文京区小石川5丁目3-7　西岡ビル2階
電話（03）3830-0083　FAX（03）3830-0084
www.tabc.jp
info@tabc.jp

印刷・製本所　株式会社 光陽メディア

本誌記事の無断転載はご遠慮ください。